LIGUE PLÉBISCITAIRE de la LOIRE-INFÉRIEURE

DE LA NÉCESSITÉ

D'UN

GROUPEMENT PLÉBISCITAIRE

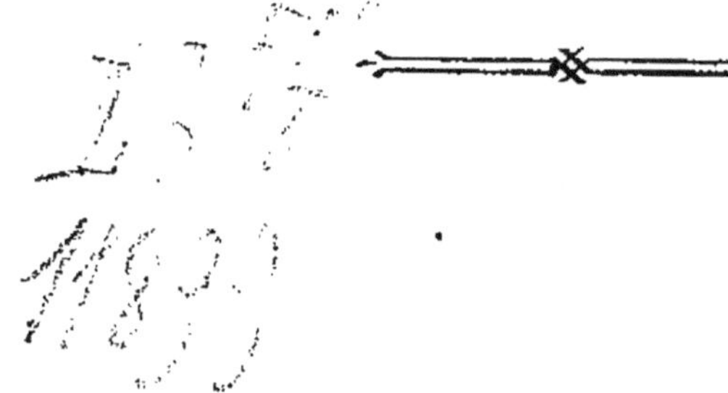

IMPRIMERIE A. MORIN

1, rue Voltaire, NANTES

DE LA NÉCESSITÉ

D'UN

GROUPEMENT PLÉBISCITAIRE

MONSIEUR,

C'est dans la conviction de la nécessité d'un Groupement politique, afin d'affirmer hautement le droit que la Révolution française a reconnu à la nation d'être maîtresse de ses destinées, alors que les sectaires n'ont jamais honte de crier partout leur usurpation, que sous l'initiative d'un certain nombre de plébiscitaires militants a été fondée dans notre département la LIGUE DE LA LOIRE-INFÉRIEURE.

Cette Ligue, destinée à former avec celles des départements de la région la **LIGUE PLÉBISCITAIRE de l'OUEST**, est constituée par les délégations des arrondissements de Nantes et du département.

Nous faisons donc un appel pressant à tous les partisans de l'appel au peuple, sans distinctions de nuances, sans nous occuper des préférences individuelles.

Dans chaque canton est décidée la formation d'un Comité : En conséquence, tout plébiscitaire désirant entrer dans la Ligue est prié d'en avertir M. Raymond LEVRAULT, 19, rue des Dervallières, à

Nantes. *Celui-ci lui indiquera à qui il devra s'adresser dans son canton pour constituer un Comité ou pour faire partie de celui déjà formé.*

N'hésitez pas, Citoyens honnêtes qui aspirez à sortir enfin du cloaque où nous a jeté le parlementarisme, ce régime bâtard sans autorité ni responsabilité, pour reprendre les traditions plébiscitaires qui nous ont donné deux gouvernements sachant faire respecter la France au dehors et lui assurer le bien-être et la tranquillité au dedans. Venez à nous sans arrière-pensées : nos adversaires ne reculent devant aucun moyen pour vous tromper et vous attirer à eux.

Vous n'avez qu'une réponse à leur faire :

Si vous voulez conquérir votre droit à la souveraineté nationale et l'exercer de fait, le seul moyen d'y parvenir, c'est de l'affirmer et de le proclamer hautement.

A. GÉRARD.

LA FRANCE SOUS LE PARLEMENTARISME

Quand, avec l'appui de l'Allemagne, les hommes du Quatre-Septembre se furent emparés de la France, la voix de M. Jules Ferry se fit entendre pour nous dire :

« Une ère d'austères vertus commence. » C'était le parlementarisme dont il annonçait la naissance.

Dans l'air empesté par les miasmes du Panama et des Chemins de fer du Sud, ces paroles résonnent aujourd'hui encore comme un défi jeté au bon sens public.

Etudions un peu cette ère d'austères vertus et voyons ce qu'elle nous a donné. De l'aveu même de ses partisans, le parlementarisme n'a pas tenu toutes ses promesses. On pourrait dire même, sans être taxé d'exagération, qu'il n'en a tenu aucune.

Il devait tout d'abord nous offrir la liberté complète, une liberté de bon aloi. Il nous a donné l'anarchie la plus pure et la licence la plus effrénée ; quant à la liberté, nous l'attendons encore.

La religion est persécutée, voilà pour la liberté religieuse ; les fonctionnaires sont mis à pied qui ont l'audace d'aller à la messe, voilà pour la liberté de conscience ; ils sont encore remerciés si leurs enfants fréquentent les écoles libres, voilà pour la liberté d'enseignement.

La liberté d'association est soumise à de telles formalités qu'on peut affirmer carrément sa non existence, elle reste la propriété exclusive des francs-maçons et des opportunistes. Enfin la liberté de la presse est réglementée par les lois que l'on connaît, lois qui permettent d'envoyer pourrir sur la paille humide des geôles opportunistes l'écrivain indépendant coupable de n'être pas convaincu que tout est pour le mieux sous le meilleur des régimes.

On nous avait promis aussi la prospérité et l'ordre dans les finances. Au lieu de cette prospérité tant promise, nous ne voyons que ruines et que misères.

Rien ne va plus ; le commerce entravé est perdu, l'industrie n'arrive pas, malgré des droits protecteurs toujours augmentés, à lutter contre la concurrence étrangère ; l'agriculture est tombée dans le marasme et l'agriculteur est complètement ruiné.

Les faillites succèdent aux faillites, le peuple est écrasé sous le poids d'une imposition formidable mais qui ne suffit pas malgré tout à combler le gouffre effrayant du déficit budgétaire.

Seul, dans la formule républicaine, le deuxième terme ne nous a pas trompé ; à défaut de liberté et de fraternité, nous avons du moins une égalité complète, l'égalité dans la misère.

Voilà la prospérité républicaine !

Voilà l'ordre de nos finances !.......

On nous avait promis encore une gloire éclatante et sans tache. Et l'on nous a donné des taches sans gloire et sans éclat.

La France nage aujourd'hui dans un océan de boue qui menace de la submerger complètement. On n'entend plus parler que de scandales; de quelque côté que l'on se tourne on ne voit plus que pots-de-vin. Une odeur fétide de pourriture se répand partout, l'air en est empesté. Et dans cet atmosphère vicié, la pauvre France languit et meurt.

Voilà ce qu'après vingt-sept années d'essais infructueux nous a donné ce parlementarisme qui devait tout sauver, tout régénérer.

LA FRANCE SOUS LE RÉGIME PLÉBISCITAIRE

Jetons maintenant un regard en arrière, reportons-nous au gouvernement plébiscitaire de celui qu'on appela le tyran, comparons les résultats de ce gouvernement avec ceux du parlementarisme.

Lorsque le Prince Louis Napoléon fut appelé à

gouverner la France, la situation était des plus précaires. Notre malheureux pays venait de traverser neuf mois d'anxiété et de misère, les caisses étaient vides, la désorganisation se rencontrait partout, la défiance était à l'ordre du jour.

En un clin-d'œil tout reprit son aspect ordinaire, ou, pour parler mieux, tout prit un aspect auquel depuis longtemps on n'était plus accoutumé.

La confiance revint et avec elle le commerce et l'industrie prirent un rapide essor, l'ouvrier trouva du travail, le paysan toucha enfin une juste rémunération de ses peines.

Et pendant vingt-deux ans, une pluie d'or ne cessa de s'abattre sur la France, et pendant vingt-deux ans le président Bonaparte ou l'Empereur Napoléon ne cessa pas un seul instant de s'occuper de rendre heureux son peuple.

Aussi quelle époque féconde en progrès de toutes sortes, que d'améliorations projetées et accomplies : Création de société de secours mutuels, fondation d'hôpitaux pour les malades et les convalescents, construction de logements salubres pour les ouvriers, installation de fourneaux municipaux, crèches, salles d'asile. Voilà pour le travailleur des villes, et nous en passons.

Pour l'agriculture, l'Empereur la regarda toujours comme un vif objet de sa sollicitude.

Il institua des chambres consultatives, des concours agricoles, compléta le réseau de nos chemins vicinaux, étendit partout l'instruction.

La loi sur le drainage favorisa l'assainissement des terres et facilita la mise en exploitation de terrains incultes et réputés jusqu'alors incultivables.

Aussi, de même que le commerce et l'industrie, l'agriculture prit sous son règne un développement inouï.

La pauvreté devint presque inconnue.

Seuls l'Empereur et l'Impératrice savaient qu'il existait encore des malheureux à soulager.

Et remarquez-le bien, si l'on était beaucoup mieux gouverné qu'aujourd'hui, cela coûtait aussi beaucoup moins cher. Ce n'est pas seulement nous, bonapartistes, qui le disons, notre témoignage pourrait sembler suspect, ce sont les républicains qui se voient enfin forcés de l'avouer.

On peut en juger par le morceau suivant, extrait d'un article paru dans *l'Economiste Français* sous la signature de M. Georges Michel :

« Moyennant un prélèvement annuel de 1,937,213,341 » francs — budget de 1869 — le second Empire se » chargeait de faire le bonheur de 37 millions de » Français. Aujourd'hui, pour le même service, le » gouvernement demande 3,385,370,845 fr.. et encore

» ce chiffre ne repose-t-il que sur les prévisions
» manifestement optimistes de l'administration. Il peut
» se faire que nous soyons beaucoup plus heureux en
» 1897 qu'en 1869, bien que la chose ne soit pas
» prouvée. Ce qui est certain, par exemple, c'est que
» les contribuables, qui n'ont guère crû en nombre,
» versent aujourd'hui 1,448,097,504 fr. de plus dans
» les caisses de l'Etat, sans compter leurs contributions
» aux caisses des départements et des communes. La
» note présentée par les trois parties prenantes :
» l'Etat, les départements et les communes, arrive aux
» environs de cinq milliards, exactement 4,709,548,097
» francs, toujours sans tenir compte de l'imprévu et
» des emprunts occultes. Enfin, la dette publique qui,
» en 1869, était de 18 milliards, dépasse aujourd'hui
» 31 milliards, exactement 31,202,863,808 fr. »

M. Georges Michel prouve ensuite, toujours d'après
les documents officiels, que, dans cette augmentation
de près de 1,500 millions d'impôts, les charges de la
guerre et de la Commune figurent pour 340 millions:
Quant aux 1,200 millions d'impôts que nous payons de
plus qu'en 1869, ils sont uniquement imputables au
régime parlementaire.

Et, nous ne saurions trop le faire remarquer,
M. Georges Michel est un républicain, et l'*Economiste*

français n'a jamais été suspect de grandes sympathies pour l'Empire.

On peut donc le croire sur parole.

Un bon gouvernement, en même temps qu'un gouvernement économique : voilà ce que nous offre l'Empire plébiscitaire.

Un mauvais gouvernement et un gouvernement très cher : voilà ce que nous donne le parlementarisme.

Eh bien Français ! êtes-vous las, avez-vous assez de ce mauvais gouvernement parlementaire.

Voulez-vous voir revenir le bon gouvernement plébiscitaire.

Oui ?

C'est on ne peut plus simple, il s'agit de vouloir.

Les peuples, a-t-on souvent répété, ont le gouvernement qu'ils méritent. Rien n'est plus vrai. Méritez donc le gouvernement plébiscitaire et vous l'aurez.

L'ALLIANCE CONSERVATRICE & LE PLÉBISCITE

Pour le mériter il est nécessaire, mais suffisant, de se remuer un peu et de beaucoup se grouper ; le groupement a toujours été en effet le meilleur moyen de défense et surtout d'attaque.

Mais entendons-nous cependant. Il faut grouper des éléments semblables et non des éléments disparates, comme cela s'est pratiqué sous le nom d'union conservatrice.

Le peuple, et en cela il a raison, aime les solutions nettes, il ne s'enflamme pas pour n'importe qui ou pour n'importe quoi. Il veut un programme bien défini, un drapeau bien teinté, et surtout largement déployé.

En un mot il veut savoir où on le mène, sans quoi il refuse de marcher. La politique du drapeau en poche n'a jamais trouvé et ne trouvera jamais une majorité en France.

C'est que le peuple ne comprend rien aux belles manœuvres et aux habiles tactiques des politiciens.

Ces tactiques ont fait leur temps. C'est en politique surtout que la ligne droite est le plus court chemin d'un point à un autre.

Suivons-la donc.

Assez de ces alliances ridicules et impopulaires ; nous sommes des plébiscitaires et nous ne devons nous unir à aucuns parlementaires quels qu'ils soient.

Soyons logiques, que diable, et ne faisons pas la courte échelle à des ennemis pour les aider à escalader le Pouvoir.

Qu'arriverait-il, en effet, si les orléanistes réussissaient à jeter à la Chambre une majorité composée de leurs partisans.

Balaieraient-ils le parlementarisme? Non. Ils continueraient la politique des républicains d'aujourd'hui, comme les républicains d'aujourd'hui ont continué la politique des orléanistes d'hier.

Il n'y aurait rien de changé si ce n'est l'enseigne de la boutique et le nom du patron.

Tout serait donc à recommencer, et cela dans des conditions plus défavorables qu'aujourd'hui, pour cette bonne raison qu'on a toujours plus de chance de succéder à un gouvernement vermoulu qu'à un gouvernement tout neuf.

PLÉBISCITAIRES, GROUPONS-NOUS !

C'est donc une erreur de vouloir grouper sous un même drapeau tous les adversaires de la République.

C'est une erreur aussi de vouloir faire un groupement composé de tous les révisionnistes.

Certains d'entre eux veulent changer le mode d'élection du Sénat, d'autres en demandent la suppression pur et simple ; mais ils prétendent conserver le parlementarisme que nous, plébiscitaires, voulons jeter à la voierie.

Nous serions encore dupés !

Ne poussons donc pas si loin le groupement, tenons-nous en à l'alliance de tous les révisionnistes qui veulent renverser le parlementarisme, c'est-à-dire à l'union de tous les plébiscitaires. Que les bonapartistes sortent enfin de leur apathie, qu'ils se réveillent de leur trop long sommeil et prennent la tête de ce mouvement sauveur.

Le peuple les attend, car il sait que d'eux seuls peut venir le salut.

Dans un grand nombre de départements, nos amis ont compris la nécessité d'une action énergique. La Loire-Inférieure, qui se glorifie d'avoir été le berceau d'un grand nombre de célébrités du régime impérial, ne saurait demeurer en arrière sans se déshonorer. Mettons-nous donc à l'ouvrage, le concours de tous les braves gens est nécessaire pour mener à bien l'œuvre que nous entreprenons. C'est à leur patriotisme que nous faisons appel. Groupons-nous, formons des comités qui prêcheront dans nos contrées l'évangile plébiscitaire. Réclamons hautement pour le peuple le droit d'élire lui-même son chef d'Etat, de choisir lui-même son gouvernement ; arrachons le bâillon qui l'empêche de se prononcer librement.

Aller prendre l'absinthe en petit comité et maudire en chœur la république devant un tapis vert en faisant cinq points d'écarté ou cinquante de billard, c'est beau certainement, mais ce n'est pas tout à fait assez, et nous estimons qu'il serait temps de passer des paroles aux actes et des parlottes de café à la propagande plus active et plus efficace surtout des grandes réunions populaires.

Et quoi, seuls les bonapartistes n'oseront pas avoir le courage de leur opinion ! seuls ils n'oseront pas lutter pour leurs principes !

Les républicains se groupent.

Les orléanistes se groupent.

Les socialistes se groupent.

Les ralliés eux-mêmes sont groupés.

Et grâce à ce groupement, tous ces partis font figure dans l'arène politique.

Seuls les bonapartistes vont à la débandade, et l'on s'habitue à ne plus les compter.

En voilà assez de cette inertie. Le jour où nous voudrons nous serons la force, car nous sommes le nombre.

Les partisans du parlementarisme tremblent à l'idée que nous pourrions nous réveiller.

Allons, debout ! l'enjeu vaut bien la peine qu'on se dérange un peu ; il s'agit du salut de la France, et seuls nous pouvons la sauver, car seuls nous possédons le remède nécessaire.

Nous sommes toujours bonapartistes, répondent certaines personnes à nos appels pressants, nous sommes restés et nous resterons toujours fidèles au parti de l'appel au peuple.

Et bien, alors, faites-nous voir une bonne fois cette fidélité au lieu de la vanter si souvent.

La foi qui n'agit pas ne saurait être sincère.

Il ne suffit pas d'être bonapartiste et de se renfermer dans une fidélité inébranlable envers ce qui n'est plus.

Il faut aider au relèvement de ce qu'on regrette, il faut faire une active propagande en faveur du régime qui vous est cher, montrer partout ses bienfaits et les mettre en parallèle avec les méfaits des régimes que vous combattez.

Il faut surtout que tous les plébiscitaires marchent ensemble, forment faisceau indissoluble, que des groupes soient fondés partout, qu'on ne craigne plus de se montrer, qu'on reprenne confiance.

Et alors les candidats ne se feront plus priés.

Et alors la victoire sera le prix de nos efforts.

Il suffit de vouloir.

Le malheur est que, jusqu'ici, les bonapartistes n'ont pas encore voulu.

Raymond LEVRAULT